BEI GRIN MACHT SICH IHR WISSEN BEZAHLT

- Wir veröffentlichen Ihre Hausarbeit, Bachelor- und Masterarbeit

- Ihr eigenes eBook und Buch - weltweit in allen wichtigen Shops

- Verdienen Sie an jedem Verkauf

Jetzt bei www.GRIN.com hochladen und kostenlos publizieren

GRIN

Salafistische Jugendbewegung in Deutschland. Präventionsmaßnahmen seitens der Jugendhilfe

Louisa Gröb

GRIN ☺

Bibliografische Information der Deutschen Nationalbibliothek:

Die Deutsche Nationalbibliothek verzeichnet diese Publikation in der
Deutschen Nationalbibliografie; detaillierte bibliografische Daten sind
im Internet über http://dnb.d-nb.de abrufbar.

ISBN: 9783346577023
Dieses Buch ist auch als E-Book erhältlich.

Druck und Bindung: Books on Demand GmbH, Norderstedt Germany
Gedruckt auf säurefreiem Papier aus verantwortungsvollen Quellen

Das vorliegende Werk wurde sorgfältig erarbeitet. Dennoch
übernehmen Autoren und Verlag für die Richtigkeit von Angaben,
Hinweisen, Links und Ratschlägen sowie eventuelle Druckfehler keine
Haftung.

Das Buch bei GRIN: https://www.grin.com/document/1167152

Inhaltsverzeichnis

1. Einleitung..2

2. Was ist Salafismus?...3

   2.1 Erscheinungsformen von Salafismus 4

      2.1.1 Frauen als Akteure und Aktivistinnen des Salafismus 5

3. Salafistische Jugendliche in Deutschland 6

   3.1 Entstehung von Salafismus in Deutschland 6

   3.2 Wirkung des Salafismus auf Jugendliche...8

   3.3 Zahlen und Daten 11

4. Salafismus in der Jugendhilfe 12

   4.1 Handlungsfelder, Institutionen und Konzepte...12

      4.1.1 Präventionsangebote für Mädchen und Frauen...................................15

   4.2 Erfolge 16

5. Fazit...16

Literaturverzeichnis 18

1. Einleitung

Zwei Hochhäuser mitten in New York, überall Rauch und pures Chaos – Bilder, die die Welt so schnell nicht vergessen wird. Der islamistische Terroranschlag vom 11.09.2001 ist wohl der bekannteste der Geschichte, fast 3000 Menschen verloren bei diesem Anschlag ihr Leben. Heute, neun Jahre später, ist er immer noch unvergessen, vielleicht auch weil die Menschen der westlichen Welt zu diesem Zeitpunkt erstmals mit dem Islamismus konfrontiert wurden.[1] Die Schlagzeilen über den Islamismus und den Islam häuften sich, auch Jugendliche Muslime und Muslima verspürten vermehrt die Ablehnung ihrer Kultur und reagierten mit der Idealisierung der eigenen Glaubensgrundsätze. Die Terrorschläge erreichten die westliche Welt, Europa gelang in das Visier der islamistischen Gruppierungen. So wurden unter anderem Anschläge in Barcelona, Paris und London verübt.[2]2014 werden dann in Deutschland erstmals Berichte über islamistische Jugendliche im eigenen Land veröffentlicht, besonders interessant scheint für die jungen Menschen der in Syrien herrschende Krieg zu sein. Immer mehr Jugendliche radikalisieren sich, einige reisen sogar nach Syrien oder dem Irak. Schlagzeilen wie „Aus dem Klassenzimmer in den Dschihad" (tagesschau) oder „Warum Jugendliche in den Heiligen Krieg ziehen"(shz) machen die Runde, auf den Titelseiten sind kräftige und vor allem vollbärtige junge Männer abgebildet.

Doch beschäftigt man sich eingehend mit der Thematik so fällt auf, dass der Islamismus nicht nur für junge Männer, sondern auch für Mädchen und Frauen attraktiv ist. Auf Grund dessen wird in der vorliegenden Hausarbeit auch die Rolle der Mädchen und jungen Frauen im Islamismus/ Salafismus angeschnitten. Da die breit gefächerte Thematik des Islamismus die Kapazität dieser Ausarbeitung überschreiten würde, wird ausschließlich der Salafismus als eine der vielen islamischen Strömung thematisiert. Nun stellt sich die Frage warum der Salafismus so eine magische Anziehungskraft auf Jungendliche, in diesem Fall in Deutschland lebenden Jugendliche, hat und vor allem wie dieser Anziehungskraft vorgebeugt werden kann. Die vorliegende wissenschaftliche Hausarbeit basiert somit auf folgender Fragestellung: Inwieweit können Präventionsmaßnahmen der Jugendhilfe der salafistischen Radikalisierung von Jugendlichen in Deutschland entgegenwirken? Um ein Grundverständnis dieser Thematik zu erlangen, gliedert sich die Hausarbeit in drei Hauptkapitel mit jeweiligen Unterkapiteln. Im ersten Teil wird der Begriff Salafismus erörtert, die verschiedenen Formen des Salafismus beleuchtet und die Rolle der Frau im Salafismus veranschaulicht. Das zweite Kapitel handelt von salafistischen Jugendlichen in Deutschland und umfasst vier Unterkapitel, zuerst wird die Entstehung von Salafismus in Deutschland beschrieben. Anschließend wird die Wirkung des

---

[1] Vgl. Landeszentrale für politische Bildung, Baden Württemberg, o.J.
[2] Vgl. Weser Kurier, 2018

Salafismus auf Jugendliche, und in einem weiteren Unterkapitel die Wirkung auf junge Mädchen und Frauen, erklärt und abschließend mit Zahlen und Daten untermauert. Das dritte und somit letzte Kapitel nimmt den Salafismus beziehungsweise salafistische Jugendliche in der Kinder- und Jugendhilfe unter die Lupe. Zuerst einmal werden Handlungsfelder, Institutionen und Präventionskonzepte beschrieben und in einem weiteren Unterkapitel eine geschlechterdimension geschaffen, in dem explizit für Mädchen und Frauen entwickelte Präventionsangebote erörtert werden. Mögliche Erfolge bilden das Ende des Kapitels. Darauf aufbauend wird sich der letzte Teil einem Fazit widmen, welches auf die oben genannte Fragestellung eingehen wird.

2. Was ist Salafismus?

In der Forschung werden viele verschiedene Begriffe, wie zum Beispiel Salafiyya, Neofundamentalismus oder Wahhabismus für das Phänomen Salafismus verwendet. Die Definition und Kategorienzuordnung gestaltet sich unter anderem so schwierig, da Salafismus von „Salaf" abgeleitet wird, „Salaf" beschreibt jedoch nur das fromme Leben der Vorfahren und ist somit Vorbild für alle Muslime. Zudem haben Salafisten und Salafistinnen auch untereinander keine einheitliche Vorstellung oder Selbstbezeichnung, das einzige selbstverständliche Merkmal ist „Muslim/in" zu sein. Wer oder was salafistisch ist, definiert jede Salafistin und jeder Salafist selbst.[3] Des Weiteren beschreiben sich Salafisten und Salafistinnen nicht als solche, sondern bevorzugen Bezeichnungen wie Salafis, Salafiyya oder Ahl al-Hadith, dies bedeutet Leute der Prophetenüberlieferung oder auch Ahl al-Sunna wa-l-Jama'a (Leute der Prophetentradition und der Gemeinschaft).[4] Ursprünglich entstand der Begriff Salafismus um bestimmte Strömungen im sunnitischen Islam zu identifizieren, mittlerweile wird er aber hauptsächlich als Projektionsfläche für sozial-kulturelle Spannungen und Bedrohungsängste genutzt, sagt Islam- Experte Bernhard Haykel.[5] In einer Zeitschriften Ausgabe der Leibniz-Institut Hessische Stiftung Friedens- und Konfliktforschung von 2015 wird Salafismus folgend beschrieben: „Wir definieren Salafismus als moderne, transnationale und fundamentalistische Reformbewegung des sunnitischen Islams, deren Anhänger eine konsequente Rückbesinnung auf die Lehren der Frühzeit des Islams propagieren."[6]

---

[3] Vgl. Hummel, Logvinov, 2014, S. 63
[4] Vgl. Fouad, Said, 2014, S. 29
[5] Vgl. Hummel, Logvinov, 2014, S. 13
[6] HSFK Standpunkte Nr. 1/2015, 2015, S.2

2.1 Erscheinungsformen von Salafismus

Salafismus lässt sich in drei Formen beziehungsweise drei verschiedene Hauptströmungen unterteilen, den puristischen oder auch quietistischen, den politischen und den jihadistischen Salafismus. Der Übergang zwischen den Formen ist fließend.

Puristischer/ quietistischer Salafismus: Die Anhänger dieser Form halten sich privat strikt an die theoretischen und theologischen Überlegungen und Vorstellungen. Sie gelten als die frommsten Salafisten und Salafistinnen und versuchen ihr Leben exakt nach den Vorgaben des Propheten Mohammed zu gestalten. Der Glaube hat oberste Priorität, viele von ihnen tragen traditionelle lange Gewänder, Vollbart und eine Kopfbedeckung.[7]

Politischer Salafismus: Politische Salafisten und Salafistinnen haben die Intention die Gesellschaft langfristig zu verändern. Sie zielen darauf ab die Bevölkerung, durch intensive Propagandatätigkeiten, um zu erziehen. Ihre Propagandaarbeit nennen sie selbst „da'wa", dies bedeutet Einladung beziehungsweise Einladung zum Islam. In der Regel distanzieren sie sich von Terrorismus und lehnen die Anwendung von Gewalt zum Erreichen der eigenen Ziele ab. Jedoch ist Gewalt für die salafistische Ideologie elementar und fest in der Struktur verankert. Somit befürworten politische Salafisten und Salafistinnen zum Beispiel die Durchsetzung und Ausführung von religiös begründeten Körperverletzungen, darunter fallen unteranderem Auspeitschung bei nicht geduldeten/ erlaubten Liebschaften, Abtrennung der Gliedmaßen bei Diebstahl bis hin zur Tötung im Falle der Apostasie (Glaubensabkehr). Obwohl die politischen Salafisten und Salafistinnen größtenteils Gewalt ablehnen sind sie nicht zu unterschätzen. Insbesondere für junge Menschen stellt die politisch-salafistische Propaganda eine echte Gefahr da, weil diese darauf abzielt die Denkweise in Hinblick auf den säkularen demokratischen Staat dauerhaft zu beeinflussen. Sie lehnen das westliche politische System ab und werten Personen auf Grund der Religion oder des Geschlechtes ab.

Jihadistischer Salafismus: Jihadistische Salafisten und Salafistinnen verfolgen ihre Ziele hauptsächlich mit Hilfe von Gewalt. Sie sehen die westliche Welt als Bedrohung und den bewaffneten Kampf gegen vermeintliche Islam Feinde als Pflicht eines jeden Muslims und jeder Muslimin an. Aber nicht nur diese stellen eine Gefahr dar, sondern auch Muslime insbesondere politische Führungskräfte muslimisch geprägter Länder werden zu Feinden erklärt. Die jihadistischen Salafisten und Salafistinnen werfen ihnen vor Marionetten der westlichen Welt zu sein.[8]

---

[7] Vgl. Toprak, Weitzel, 2019, S. 21
[8] Vgl. Niedersächsisches Ministerium für Inneres und Sport Abteilung Verfassungsschutz 3. Auflage, 2018, S. 12

2.1.1 Frauen als Akteure und Aktivistinnen des Salafismus

Im hiervorliegenden Beispiel wird die Geschichte beziehungsweise Radikalisierung salafisti-scher Mädchen und Frauen in Ägypten erläutert, „Ägypten wird als Untersuchungsgegenstand der politischen Partizipation islamischer Aktivistinnen ausgewählt, da das Land aufgrund sei-ner religiösen, politischen und kulturellen Stellung im muslimischen und arabischen Kulturraum eine Vorreiterrolle innehat. Diese gilt sowohl im Hinblick auf den Islamismus als auch in Bezug auf die Emanzipation der Frauen."[9] Der Islamismus gilt als erfolgreiche Ideologie und die Frauen als ihr sichtbares Zeichen, vor allem durch das Tragen eines Kopftuchs zeigen sie, dass sie die Verinnerlichung des Islams in sich tragen und es sich zur Aufgabe gemacht haben diese in die Gesellschaft hineinzutragen. Im Gegensatz zu heute, war es früher zu Beginn der liberalen Phase 1920-1940 und bis hin zur sozialistischen Phase 1950-1960 unüblich für die Frauen Ägyptens Kopftuch zu tragen, geschweige denn sich gänzlich zu verschleiern. In den 1970ern lag der Anteil Kopftuchtragender Frauen bei grade mal 20%, heute liegt er bei sage und schreibe 85% (Stand 2012). Unverschleierte Frauen fallen auf, kommen in Erklärungsnot, gelten als unreligiös und werden nicht gerne gesehen, ein weiteres Anzeichen für die Islami-sierung Ägyptens. Nun könnte man denken die Mädchen und Frauen werden dazu gezwun-gen, dem ist in der Regel jedoch nicht so. 2004 wollte Muhammad Sayyid Tantawi, der Großimam der Al-Azhar-Moschee, dass die vollständige Gesichtsverschleierung (Niqab) an Schulen und Universitäten verboten wird, daraufhin wurde er von Studentinnen verklagt. Sie konnten sich durchsetzen und somit mussten extra Regelungen für Prüfungssituationen ge-funden werden, bis heute bestehen diese fort. Immer mehr weibliche Künstlerinnen, das heißt Schauspielerinnen, Sängerinnen und Tänzerinnen ziehen sich aus dem Business zurück und rufen ihre Kolleginnen dazu auf es ihnen gleich zu tun, sie erklären die Schauspielkunst, Ge-sang und Tanz als Sünde. Außerdem gibt es immer mehr Journalistinnen, welche Websites mit den Rechten und Pflichten einer jeden Muslima erstellen und dazu aufrufen diese streng zu befolgen. Frauen ernennen sich selbst zu islamischen Psychologinnen und Moderatorin-nen, die Frauen der Bevölkerungen können sie mit Fragen und Meinungen zu islamischen Tabuthemen kontaktieren und diese werden dann im öffentlichen Fernsehen ausdiskutiert und vor allem verurteilt. Noch bis 1970 galt die Religion in Ägypten laut Verfassung als privat Sa-che, mittlerweile hat der Staat die islamische Ideologie fast gänzlich übernommen. Auch das Gesetz hat sich geändert, so steht zum Beispiel öffentliches essen und trinken im Fastenmonat Ramadan unter Strafe. Dieser Wandel, man könnte es auch Radikalisierung Ägyptens nennen,

---

[9] Salah, 2016, S. 4 Z. 13-17

wurde hauptsächlich von den Mädchen und Frauen des Landes hervorgerufen und vorange-trieben.[10]

Aber was macht den Islamismus beziehungsweise Salafismus so attraktiv für das weibliche Geschlecht? Hoda Salah, Politikwissenschaftlerin und Autorin, stand in Kontakt mit mehreren Islamistinnen und diese nannten folgende Gründe:

- politische und spirituellen Gründe, Werte des Islams dienen als Katalog des Lebens
- Da'wa,die islamische Pflicht sich einzumischen und zu handeln
- Innenpolitische Gründe, der Islamismus als Symbol des Widerstandes
- Außenpolitische Gründe, die Angst vor dem Westen
- Empowerment der Frauen
- islamische Organisationen als Arbeitgeber
- Islamismus ist sinnlich, strikte Trennung von beruflichem und privat[11]

3. Salafistische Jugendliche in Deutschland

Im deutschen medialen öffentlichen Diskurs wird immer wieder über den Salafismus berichtet. Der Begriff Salafismus wird in diesem Diskurs selbstverständlich als Charaktersierung einer radikalen, demokratiefeindlichen Ideologie definiert, dass die Salafiyya zunächst einmal nur eine sunnitische Islamische Strömung ist wird hierbei völlig außer Acht gelassen.[12] Nordrhein-Westfalen, Hessen, sowie die Stadtstaaten Berlin und Hamburg gelten als Schwerpunktlän-der.[13]

3.1 Entstehung von Salafismus in Deutschland

Der in Deutschland hauptsächlich herrschende Salafismus wird in Fachkreisen auch salafisti-scher Mainstream genannt, was bedeutet, dass der Mainstream die Szene dominiert. Als Mitte der 1990er zwei Imame aus Leipzig und Bonn damit begannen Da'wa Arbeit zu leisten, hätte dies noch keiner für möglich gehalten. Doch in den letzten Jahren steigen die Zahlen salafis-tischer Webseiten, Predigern und Predigerinnen, Vorträge und überregionale Seminare dras-tisch und kontinuierlich an, der salafistische Flügel entwickelte sich zu einer expansiven Dy-namik.[14] „Das Erfolgsrezept ist denkbar einfach: Trotz eines exklusiven Wahrheitsanspruches wird auf Kooperation gesetzt. Dieser Pragmatismus macht den weitverzweigten Mainstream

---

[10] Vgl. Salah, 2014, S. 1 ff.
[11] Vgl. Salah, 2014, S. 59- 73
[12] Vgl. Ceylan, Jokisch, 2014, S. 194
[13] Ebd., S. 196
[14] Vgl. Hummel, Logvinov, 2014, S. 69

zu einer sozialen Mitmachbewegung, die ihren Netzwerkaufbau professionell und arbeitsteilig vorantreibt- bis hin zu einem „rechten Rand".["][15] Die Ausbreitung des Mainstream Salafismus in Deutschland lässt sich in drei verschiedene Phasen aufteilen, die Haupt- und zwei Nebenphasen.

Zum einen die 2002 einsetzende, arabisch geprägte Hauptphase, welche durch einige wenige Verkünder aus Ägypten, Syrien und Marokko ausgelöst wurde. Durch das Erschaffen immer neuer Internetpräsenzen vermittelten sie den Eindruck, eine auch zahlenmäßig große Bewegung zu erschaffen. Dieser Effekt der Überrepräsentation kann auch auf die seither in Deutschland stattfindeten Seminare übertrage werden. Geprägt wird und wurde dies durch zwei bekennende Salafisten, den aus Saudi-Arabien stammenden Verkünder Adnan-al-'Ar'ur und dem in Tillburg (Niederlande) lebenden Ahmad Salam, auch Abu Suhayb genannt. Die beiden haben noch direkt von dem Gelehrten al-Albani gelernt.

Die Wahlheimat Ahmad Salams spielte in der ersten Phase, der Vorlauf- und Formatierungsphase in den 1990er, bereits eine große Rolle. In Tillenburg entstanden erste salafistische Zentren, die auch immer wieder von Wiissensuchenden aus Deutschland aufgesucht wurden. Die Salafisten und Salafistinnen wurden in den niederländischen Zentren aus- und fortgebildet und ein wechselseitiger Besuch fand statt, so entstand in Europa die Ausdehnung und Festigung des Ar'ur-Salam- Netzwerkes. Der Leipziger Imam Abul Husain diente als informeller Repräsentant in Deutschland.

Die zweite Phase, die einheimische- autonome Phase des Salafismus, beschreibt die jüngere Generation der Salafisten und Salafistinnen. Diese verfügen meist nach kurzer Ausbildung im arabischen Ausland über strategische Vorteile gegenüber den Predigern und Predigerinnen der ersten Stunde und stehen somit in einem latenten Konkurrenzverhältnis. Die in Deutschland aufgewachsenen Salafisten und Salafistinnen verfügen über kulturelles Hintergrundwissen, beherrschen die deutsche Sprache, haben Arabischkenntnisse und sind somit eingewanderten Imamen weit überlegen. Zudem unterstützt die indirekte saudi-arabische Hilfe, durch kostenlose Publikationen oder subventionierte Auslandsaufenthalte, die junge Generation. Aber vor allem durch die Entstehung eigener Verlage, eingetragener Vereine und inländischer Predigerausbildungen, welche durch die in Deutschland gesammelten Spenden finanziert werden, gelangt diese Generation an immer mehr Autonomie. Dies zeigt auch die salafistische Karriere von Abu Anas, welcher 2007 in Braunschweige eine durch ihn initiierte Islamschule entstehen ließ und somit fast schon automatisch zu einem zentralen Akteur wurde. Zudem kam ihm noch seine türkische Herkunft zugute, dies machte ihn zu einem salafistischen

---

[15] Hummel, Logvinov, 2014, S. 69 Z. 9- 14

Gewährsmann der vielen türkischen Anhänger, aber auch die aus der eigenen Islamschule resultierende Multiplikatorenfunktion beflügelt seine Karriere.

Redet man über den Salafismus in Deutschland so muss natürlich auch einer der bekanntesten und einflussreichsten Salafisten in Deutschland erwähnt werden, Abu Hamza Pierre Vogel. Der deutschstämmige Salafist ist ebenfalls Teil des Mainstream Salafimus und betreibt exzessive da'wa Arbeit. Seine Methoden sind selbst in seinem näheren salafistisch geprägten Umfeld umstritten.[16]

Der puristische Salafismus ist in Deutschlan längst nicht so verbreitet wie in anderen Ländern, bereits seit den 1990er sind puristische Moscheen und Imame in England, Frankreich und den Niederlanden fester Bestandteil der Szene. Das Muqbil-Al-Hadschuri- Netzwerk ist das in Deutschland bekannteste nachhaltigste strukturbezogene Netzwerk, angeblich mit 5000-7000 Studierenden in Dammadsch/ Jemen. Sie betreiben eine deutsche Website und bekennen sich auf dieser öffentlich gegen den in Deutschland herrschenden Mainstream Salafismus.[17]

Der dschihadistische Salafismus beziehungsweise dessen Ausbreitung ist eng mit der Entwicklung in Österreich verknüpft. Abu Hamza und Abul Khattab, zwei in Österreich sesshafte Prediger, waren im deutschsprachigen Raum die ersten Vertreter dieser Strömung. Hauptsächlich ist die Form des dschihadistischen Salafismus in Deutschland virtuell zu finden.[18]

3.2 Wirkung des Salafismus auf Jugendliche

Die Jugend gilt gesellschaftlich als höchst prekäre und gefährdete Phase. Die Jugendlichen erleben physische, aber auch psychische Umbrüche und die Identitätsfindung wird elementar für die jungen Heranwachsenden. Der Schutzraum „Kind" existiert nicht mehr, aber als vollwertige/r Erwachsene oder Erwachsener werden die Jugendlichen auch noch nicht anerkannt. Aus dieser Schwellensituation heraus ergeben sich typische Krisen und Herausforderungen für die jungen Menschen, hierzu zählen unter anderem:

- Verwirrung durch die körperliche Veränderung
- das Erleben einer völlig neuen Gefühlwelt, insbesondere neue unerfahrene Gefühle gegenüber dem anderen Geschlecht
- Abkapselung von den Eltern, der Eintritt in neue Peergroups
- Entwicklung des eigenen sozialen und personalen Ichs

---

[16] Vgl. Hummel, Logvinov, 2014, S.69- 71
[17] Ebd., S. 74 f.
[18] Ebd., S. 76

Diese Faktoren erleichtern es den politischen Salafisten und Salafistinnen die jungen Menschen anzuwerben. Zudem haben Jugendliche in der heutigen Zeit immer mehr Entscheidungsmöglichkeiten, somit steigt der Entscheidungsdruck. Insbesondere junge Menschen mit einem Migrationshintergrund haben in dieser Lebensphase einige Entwicklungsaufgaben zu lösen. Die Frage der Zugehörigkeit, der ethnischen Identität wird elementar um das eigene (soziale) Ich zu bilden. Insbesondere Kinder, die in einem multikulturellen Kontext aufwachsen und diesen als negativ empfinden, sind einem größeren Risiko ausgesetzt ein gebrochenes Selbstbild zu entwickeln, sagt Psychologe und Migrationsforscher Haci- Halil Uslucan.[19] Aber auch die religiösen Vorkenntnisse oder in dem Fall die nicht vorhandenen Vorkenntnisse, machen es den Salafisten und Salafistinnen einfach die Jugendlichen für den Salafismus oder zuerst einmal für den Islam zu interessieren. Ahmet Toprak und Gerrit Weitzel beschreiben in ihrem Buch die heutige Jugend als religiös-theologische Analphabeten, dies bedeutet die meisten Jugendlichen haben keine reflektierte religiöse Sozialisation erfahren und waren somit nie in der Lage sich selbstständig, kritisch mit theologischen Fragen auseinander zu setzen. Viele haben Religion bzw. den Islam nur als Tradition der Familie oder der Eltern kenngelernt und erlebt oder aber die Jugendlichen stammen aus westlichen nicht muslimischen Elternhäusern und sind noch nie mit dem Islam in Berührung gekommen. Die völlig unterschiedlich sozialisierten Heranwachsenden haben jedoch eins gemeinsam, sie sehnen sich nach Zugehörigkeit, einem Gefühl der Geborgenheit, Orientierung und etwas Spiritualität, diese Sehnsüchte nutzen die Salafisten und Salafistinnen aus. Zunächst versprechen sie den Jugendlichen ihnen fundamentiertes Wissen über den Islam zu lehren, charismatische Prediger und Predigerinnen bringen ihnen den Glauben auf Deutsch und jugendgerechter Sprache näher. Die Jugendlichen verfügen über kein theologisches Wissen und können somit das ihnen erzählte weder einordnen noch hinterfragen. Das Einzige, was für die jungen Menschen zählt ist, ob sie von dem erzählten berührt sind, sich damit identifizieren können und sie sich elementare Fragen über die Welt und das Leben mit Hilfe der Religion beantworten können.

Ein weiterer Aspekt, der den Salafismus so attraktiv für die Jugendlichen macht, ist die angebliche exklusive Vermittlung von der einzig wahren Islaminterpretation. Die Salafisten und Salafistinnen vermitteln den jungen Menschen, dass nur ihre Auffassung des Islams die Richtige ist und sie nur so in das Paradies aufgenommen werden. Alle anderen Menschen und Wege würden sie in die Irre führen, fehlleiten und nicht den wahren Islam leben. Die klaren Vorstellungen und Regeln der Salafisten und Salafistinnen erleichtern es den Jugendlichen in der heutigen globalisierten Welt klarzukommen, Gut von Böse zu unterscheiden und sich zu orientieren. Für die jungen Menschen ist es ein einfach gestricktes System, sie halten sie an die

---

[19] Vgl. El-Gayar, Strunk, 2014, S. 11 f.

scheinbar allgemein geltenden Regeln der Religion und so haben sie den ersehnten Platz im Paradies sicher. Die salafistischen Prediger und Predigerinnen haben dasselbe Ansehen wie Allah selbst und ihre Worte und Gedanken in Frage zu stellen, würde bedeuten auch die Worte Allahs und der Propheten anzuzweifeln. Die Prediger und Predigerinnen entscheiden nun über das Leben der jugendlichen Anhänger, zum Beispiel was sie essen, welche Kleidung sie tragen, ob sie einen Beruf ausüben dürfen und wenn ja welchen. Dies gefällt den Jugendlichen, denn viele von ihnen sind auf der Suche nach einem Vorbild, sehnen sich zum Beispiel nach einem Vater, da der eigene die Familie verlassen hat. Ein weiterer Faktor beziehungsweise Risiko birgt die schon oben kurz erwähnte Identitätsfindung und Sehnsucht nach Anerkennung bei muslimisch migrierten Jugendlichen. Der Islam ist in vielen Bereichen immer noch keine vollständig anerkannte Religion in Deutschland, dadurch kann ein Gefühl der Abwertung von Muslimen und Musliminnen entstehen. In der Heimat ihrer Eltern und Großeltern werden sie nicht vollwertig anerkannt, gelten als Ausländer oder Ausländerin, als Deutsche oder Deutsche. In Deutschland werden sie jedoch auch nicht als heimisch, als Deutsche oder Deutscher gesehen, die Sehnsucht nach Zugehörigkeit kommt auf und wird in salafistischen Kreisen gestillt. Dort sind Herkunft, Alter, Geschlecht und Religion egal, es herrscht keine Hierarchie zwischen den Anhängern und Anhängerinnen des Salafismus. Zum ersten Mal erleben die muslimischen Jugendlichen ihre Religion als etwas positives und erfahren ein Gefühl des Zusammenhalts, sie fühlen sich nicht mehr fremd und missverstanden. Die Prediger und Predigerinnen vermitteln ihn immer wieder das Gefühl an etwas „Großem" beteiligt und Teil einer starken Gemeinschaft zu sein. Für dieses Gefühl der Zugehörigkeit tun die Jugendlichen alles und unterwerfen sich den Salafisten und Salafistinnen gänzlich. Unter anderem aber auch, weil sie den Kindern und Jugendlichen immer wieder ihre Sterblichkeit vor Augen führen und Ihnen eintrichtern, dass jedem Ungläubigen, der nicht so lebt wie die Salafisten und Salafistinnen es verlangen, ein qualvoller Tod erwartet. Diese Form der Angstpädagogik zielt auch darauf ab die Heranwachsenden für den Tod als Märtyrer zu begeistern.[20]

Zusammenfassend kann also gesagt werden, dass die Forschung davon ausgeht, dass die Anziehungskraft und Bewunderung des Salafismus auf Jugendliche durch die folgenden Punkte unterstützt und ausgelöst wird:[21]

- „Gemeinschaftserlebnis
- Akzeptanz und das Versprechen auf einen spirituellen Neuanfang (Bekehrung)
- Aufwertung des Selbstwertgefühls

---

[20] Vgl. Toprak, Weitzel, 2019, S. 64 ff.
[21] Vgl. Wissenschaftliche Dienste- deutscher Bundestag, 2017, S. 6

- Abgrenzung von den Eltern (deren traditionelle muslimische Lebensweise nicht selten abgelehnt wird)
- Provokation (in Schule und öffentlichem Raum)
- Versprechen auf Selbstwirksamkeit
- exklusiver Wahrheitsanspruch"[22]

3.3 Zahlen und Daten

Laut dem Bundesamt für Verfassungsschutz steigt die Zahl der in Deutschland lebenden Menschen mit salafistischen Bestrebungen stetig an. So waren es im Jahre 2017 noch 10.800 Menschen, im darauffolgenden Jahr stieg die Zahl dann auf 11.300 Personen und im vergangenen Jahr stieg die Zahl noch einmal enorm, 12.150 Salafisten und Salafistinnen oder Salafismus anstrebende Personen befanden sich 2019 in Deutschland. Zählt man dann noch andere Gruppierungen und Strömungen des islamistischen Terrors/ Islamismus hinzu, so kommt man auf 28.020 Personen alleine in Deutschland. In Hinblick auf das Vorjahr 2018 stieg somit die Anzahl der Personen mit islamistischem Potenzial um 5,5%. Hierbei ist jedoch auch zu erwähnen, dass es sich für den Verfassungsschutz schwierig bis gar unmöglich gestaltet genaue Zahlen zu erfassen und es sich hierbei um geschätzte Zahlen handelt. Es wurden keine Angaben darüber gemacht wie viele der oben genannten Personen Jugendliche beziehungsweise minderjährig sind und auch das Geschlecht wurde nicht kategorisiert.[23] Aber auch die Zahl der islamistisch motivierten Reisebewegungen in Richtung Syrien und dem Irak steigen von Jahr zu Jahr. Laut den Behörden haben 2019 1060 Islamisten und Islamistinnen Deutschland verlassen und bei einer Hälfte

dieser Personen liegen konkrete Anhaltspunkte vor, dass sie sich dem islamischen Staat oder der al-Qaida angeschlossen haben und an Kriegshandlungen teilnehmen oder die Organisationen unterstützen. Von den 1060 ausgereisten Menschen sind in etwa 25% weiblich und ein Großteil unter 30 Jahren. Inzwischen sind 100 der 2019 ausgereisten Personen zurück nach Deutschland gekehrt und gegen sie wird polizeilich ermittelt. Schätzungsweise 250 der 2019 ausgereisten Personen sind in Syrien oder dem Irak zu Tode gekommen, viele weitere sitzen in Haft oder möchten zurück nach Deutschland kommen.[24]

---

[22] Ebd., S. 6 Z. 18- 25
[23] Vgl. Bundesamt für Verfassungsschutz, o.J.
[24] Vgl. Bundesamt für Verfassungsschutz, Stand 13.03.2020

4. Salafismus in der Jugendhilfe

Das Augenmerk dieser Hausarbeit liegt auf der Kinder- und Jugendhilfe beziehungsweise deren Präventionsansätzen und Konzepten. Da die Aufgaben jedoch sehr vielseitig und Institutionsübergreifend sind, ist keine strikte Trennung der verschiedenen Institutionen und deren Handlungszuständigkeiten möglich.

4.1 Handlungsfelder, Institutionen und Konzepte

Es gibt drei elementare Handlungsfelder, in denen die Präventionsarbeit von großer Bedeutung ist, zum einen die Schule, die Gemeindearbeit und die Kinder- Jugendsozialarbeit.

Handlungsfeld Schule: Die Schule gilt als zentraler Punkt der Präventionsarbeit. Da Kinder und Jugendliche verpflichtend über mehrere Jahre an diese Institution gebunden sind, ermöglicht es den Pädagogen und Pädagoginnen regelmäßige, langfristige Angebote anzubieten und zeitnah auf aktuelle Kontroversen und Geschehnisse zu reagieren. Bei diesen Angeboten handelt es sich nicht nur um Wissensvermittlung und die Förderung kognitiver Fähigkeiten, sondern auch die Entwicklung sozialer Fertigkeiten und Bindung werden gefördert. Letzteres soll den Kindern und Jugendlichen helfen sich in der Gesellschaft zu orientieren und die Entwicklung von Lebensperspektiven zu entwickeln. Laut Kurt Edler, Lehrer und hamburger Politiker, stellt dies auch für die Lehrer und Lehrerinnen eine große Herausforderung dar, diese müssen über eine sogenannte „Präventionskompetenz" verfügen beziehungsweise erlernen, um die Präventionsarbeit erfolgreich werden zu lassen. Aber auch die Grundrechtsklarheit ist fundamental für eine gelingende Präventionsarbeit im Rahmen der institutionellen schulischen Arbeit. Damit sind nicht nur die gesetzlichen Grenzen der Schüler gemeint, sondern viel mehr noch das Wissen um grundsätzliche Rechte seitens der Schüler. Aber auch das Leitbild einer demokratischen Schule ist äußert wichtig, um Salafismus entgegenzuwirken. Schulinterne Demokratie, die es jedem Schüler und jeder Schülerin egal welcher Herkunft, Religion und Alters ermöglicht Teil der Gemeinschaft zu sein, beugt Salafismus vor und nimmt migrierenden Schülerinnen und Schülern das Gefühl des Andersseins. Zudem sind der Religionsunterricht und die interreligiöse, interkulturelle und politische Bildung weitere wichtige Faktoren für die Prävention von Salafismus. Mittlerweile gibt es vermehrt islamischen Religionsunterricht an Schulen, die Politik betont immer wieder, dass dies hauptsächlich dem Zweck der Prävention dient. Von Islamverbänden wir dies jedoch kritisiert, sie sind der Meinung, dass der islamische Religionsunterricht nicht nur als Präventionsmaßnahme gelten soll, sondern alleinschon auf Grund des im Grundgesetz verankerten Rechts auf Religionsunterricht stattfinden müsse.[25] Aber

---

[25] Vgl. El-Mafaalani, Fathi, Mansour, Müller, Nordbruch, Waleciak, 2016, S. 6 f.

auch die Auseinandersetzung mit gesellschaftlicher und innerislamischer Diversität steht im Vordergrund des Unterrichts und soll das Verständnis für unterschiedliche Deutungsmöglichkeiten religiöser Traditionen, sowie kulturellen und religiösen Unterschieden fördern.[26]

Handlungsfeld Gemeindearbeit: Gemeindearbeit meint die Zusammenarbeit zwischen staatlichen und islamischen Akteuren. Dieses Konzept birgt immer wieder Konflikte, auf Grund verschiedener Vorstellungen oder Erwartungen. Dies wurde auch bei der 2011 gegründeten „Initiative Sicherheitspartnerschaft – Gemeinsam mit Muslimen für Sicherheit" deutlich. Immer wieder entstehen Spannungen auf Grund sicherheitspolitischen Zielsetzungen und Forderungen seitens der islamischen Verbände, diese fordern Anerkennung als legitime Akteure. Zusammenfassend kann jedoch gesagt werden, dass die Präventionsarbeit durch die Zusammenarbeit der unterschiedlichen Organisationen, insbesondere auch die Zusammenarbeit zwischen Polizei und den islamischen Vereinen, profitiert.[27] „Die Rolle islamischer Akteure in der Präventionsarbeit besteht allerdings nicht allein in der direkten Arbeit mit Jugendlichen, die im eigenen Umfeld Anzeichen einer Radikalisierung zeigen, sondern vor allem auch in der Sichtbarmachung von alternativen Angeboten und Religionsverständnissen, die sich von salafistischen Deutungsangeboten unterscheiden. Die Einbindung in eine religiöse Gemeinschaft bietet gerade für jene Jugendliche und junge Erwachsene, die in ihren Familien nicht religiös sozialisiert wurden, die sich aber aufgrund von jugendphasentypischen Fragen oder Erfahrungen mit Ressentiments und Diskriminierungen für den Islam interessieren, die Chance, reflektierte Zugänge zu religiösen Themen zu entwickeln."[28] Die Initiative „Muslimische Jugendcommunity Osnabrück", ist eine der vielen muslimischen Vereine, die Freizeitaktivitäten und Gesprächsrunden rund um die Themen Rassismus oder interreligiösem Dialog anbieten. Hierbei werden sie auch von nicht-muslimischen Institutionen, wie der Polizei oder der Katholische Hochschulgruppe, unterstützt. Außerdem bieten sie den (meist muslimischen) Jugendlichen die Chance in Interaktion zu treten, sie bieten Raum für religiöse Diskussionen und Selbstreflexion, aber unterstützen die Heranwachsenden auch neue Zugänge und Perspektiven gegenüber dem Glauben und Traditionen zu finden. Um so viele Jugendliche wie möglich zu erreichen, finden diese Angebote nicht nur vor Ort, sondern auch online statt.[29]

Handlungsfeld Kinder- und Jugendsozialarbeit: Die präventiven Ansatzpunkte sind sehr vielfältig und somit kommt es immer wieder zu Überschneidungen der Handlungsfelder, dies spiegelt die Wichtigkeit institutionsübergreifender Ansätze dar. Oftmals wird die Präventionsarbeit als ausschließlich sozialarbeiterischen Ansatz gewertet und die Gefahr entsteht, dass sich

---

[26] Vgl. Ebd., S. 7 Vgl. Kiefer, 2013, S.155
[27] Vgl. Ebd., S. 13
[28] Ebd., S. 13 Z. 33- S. 14 Z. 7
[29] Ebd., S. 14, Vgl. Lachenmann 2014

Lehrer und Lehrerinnen aus der Verantwortung ziehen und ausschließlich auf die Arbeit und Konzepte der Kinder- und Jugendhilfe vertrauen. Um die Kinder und Jugendlichen aber bestmöglich zu erreichen ist ein Zusammenspiel der verschiedensten Institutionen elementar. Eine Vielzahl an Projekten setzt daher auf enge Kooperationen zwischen den schulischen und außerschulischen Trägern, eines dieser Projekte ist das 2010 gegründete interreligiöse Dialoggruppen-Projekt „Ibrahim trifft Abraham". Das Programm wurde von dem düsseldorfer Jugendhilfeträger „Aktion Gemeinwesen und Beratung e.V." ins Leben gerufen und arbeitet mit männlichen Jugendlichen, welche aus bildungsbenachteiligten Milieus stammen, unter ihnen sind einige Besucher salafistischer Moscheen.[30] Die regelmäßigen Termine der Dialoggruppe finden vormittags in der kooperierenden Schule statt, dies erleichtert die Durchführung des Programms erheblich. Aus Sicht der Projektführenden hat das Programm einen eindeutig positiven Einfluss auf die Teilnehmer, dies zeigt sich ihrer Meinung nach besonders an den kreativen Aktionsvorschlägen und konstruktiven Diskussionen seitens der Jugendlichen. Den jungen Männern, welche zumeist problematische Bildungsbiografien aufweisen, gelingt es in der partizipationsorientierten Arbeit der Dialoggruppen, sich sachlich über kontrovers religiöse und politische Themen (wie zum Beispiel der Nahostkonflikt, Judentum, etc.) auszutauschen und somit ihre Einstellungen und Sichtweisen zu reflektieren.[31] Aber nicht nur die Jugendlichen, sondern auch die Schulen profitieren von der Kooperation der Träger, denn den schulischen Kooperationspartnern ist es so möglich „auch bildungsbenachteiligte Schüler mit „Affinität zu Eindeutigkeitsangeboten extremistischer Gruppen"[32]zu erreichen. Aber nicht nur die Schnittstelle Schule, sondern auch alternative Angebote der Kinder- und Jugendsozialarbeit sind ein wichtiger Ausgangspunkt in der Präventionsarbeit. So liegt der Fokus insbesondere auf der Stärkung der sozialen Bindung und des Empowerments der jugendlichen Mädchen und Jungen, aber auch der sozialen Kompetenzen. Zudem sollen die jungen Menschen Zugehörigkeit und Gemeinschaft in einer heterogenen Gruppe erfahren, die Teilhabe und Partizipationen in verschiedenen Bereichen des Lebens, wie der Schule, Freizeit und Gesellschaft sollen gefördert werden und somit ein positives Gefühl der eigenen Selbstwirksamkeit und Mitgestaltung hervorrufen. Hierbei spielt die aktive Antidiskriminierungsarbeit eine zentrale Rolle, dies bedeutet Jugendliche die Opfer von Diskriminierung und Anfeindungen wurden, bei der Vertretung ihrer Rechte und Interessen mit konkreten Hilfestellungen zu unterstützen. Außerdem bietet die Kinder- Jugendhilfe Freizeitprojekte und Erlebnispädagogik an, welche als Kontrast zu Erlebnisversprechen salafistischer Initiativen dienen sollen. Aber auch die Thematisierung präventionsrelevanter Themen im Rahmen Film-, Theater- und musikpädagogischer

---

[30] Vgl. Ebd., S.11, Vgl. Ceylan, Kiefer 2013, S.132–140
[31] Vgl. Ebd., S.11, Vgl. Ceylan, Kiefer 2013, S.138
[32] Ebd., S.12 Z. 1-2 Vgl. Kiefer , 2014, S. 135

Programme gelten als sinnvoll im Kampf gegen die Radikalisierung Jugendlicher.[33] Aber nicht nur auf junge Männer wirkt der Salafismus magisch, sondern auch für Mädchen und Frauen wird der Salafismus immer attraktiver. Die Kinder- und Jugendsozialhilfe steht somit in der Pflicht, genderspezifische und mädchenorientierte Ansätze zu entwickeln und anzubieten, dies wird im nächsten Unterkapitel genauer erörtert.

Zudem gibt es noch das Handlungsfeld Internet, welches bewusst nicht als eigene Kategorie aufgezählt wird. Leider ist in Deutschland, im Gegensatz zur USA oder Großbritannien, die Internetprävention eher rückschrittlich. Es gibt nur wenige Projekte wie das von ufuq.de „Was postest du? Politische Bildung mit jungen Muslim_innen online", in welchem die jungen muslimischen Mitarbeiter und Mitarbeiterinnen online Kommentare zu religiösen Diskussionen posten. Auch die Strafverfolgung von extremistischen Kommentaren beziehungsweise Usern ist in Deutschland kaum gegeben. Durch den kontinuierlich ansteigenden „Online-Salafismus" und die gezielte Thematisierung typischer Probleme und Krisen seitens der salafistischen Akteure, wurde ein wachsender Bedarf an Angeboten seitens der Kinder- und Jugendhilfe festgestellt. Es wurden Projekte wie das „Muslimische Seelsorgetelefon" oder das Mentoring Projekt „180°- Wende" ins Leben gerufen.[34]

4.1.1 Präventionsangebote für Mädchen und Frauen

Anders als bei dem Rechtsextremismus hat man schnell bemerkt, dass der Salafismus ebenso eine große Anziehungskraft und Gefahr für Mädchen und Frauen darstellt. Somit war früh klar, dass genderspezifische und mädchenorientierte Präventionsansätze durch Kinder- und Jugendhilfe erarbeitet werden müssen. Schon rasch wurden, seitens der Mädchen und Frauen, genderspezifische Aspekte und geschlechterbezogene Konflikte im Kontext des Salafimus wahrgenommen. Bereits 2005 wurde ein Mädchentreff namens „Madonna" in Berlin eröffnet, in dem die ersten Präventionsansätze im Kampf gegen islamistische Einstellungen erarbeitet wurden. Im Vordergrund stehen hier vor allem Empowerment der Mädchen und Frauen im Kontext der Familie, aber auch die intensive Zusammenarbeit mit den Eltern und die Kritik an patriarchalen und religiös begründeten Traditionen, wie zum Beispiel Ehrenmord oder Zwangsheirat. Die Relevanz dieser Ansätze wird durch Praxiserfahrungen in den letzten Jahren immer wieder betont und bestätigt. Das Projekt „WomEx – Women and Gender in Extremism" des Vereins „Cultures Interactive" formulierte sogar konkrete Handlungsempfehlungen zum Umgang mit genderspezifischen Themen, auch hier wurde noch einmal die Notwendigkeit einer Gendersensiblen Jugendarbeit betont. Vor allem die Förderung der Entwicklung der

---

[33] Vgl. Ebd., S.12
[34] Vgl. Ebd., S.14

selbstbestimmten Geschlechterrollen und der diskriminierungsfreie Umgang im Bezug auf Genderidentität, sowie die Ambivalenz-Toleranz in Blick auf sexuelle Orientierung sind von oberster Priorität.[35]

4.2 Erfolge

Es ist schwierig Erfolg in der Präventionsarbeit allgemein messbar zu machen, schaut man sich jedoch einzelne Projekte an, so kann gesagt werden, dass diese durchaus erfolgreich sind. Als Beispiel dient hier das Präventionsprojekt "Wegweiser - gemeinsam gegen gewalt-bereiten Salafismus" in NRW. Das Anfang 2014 gegründete Projekt fand sofort Anklang, sagt NRW-Innenminister Ralf Jäger. Der Träger des Programms, IFAK e.V., hat insgesamt drei Anlaufstellen in Bochum, Bonn und Düsseldorf und die Beratungsstellen erreichen wöchentlich über 40 Hilferufe von besorgten Eltern, Familien oder Freunden. Aber nicht nur die Beratung, sondern auch die intensive Zusammenarbeit mit den gefährdeten Jugendlichen gehört zu dem Berufsalltag der Sozialarbeiter und Sozialarbeiterinnen.[36]

Im selben Jahr hielt Dr. Michael Kiefer von der Universität Osnabrück, Institut für Islamische Theologie, einen Vortrag zu Ansätzen, Schwierigkeiten und Erfolgen der Islamismuspräven-tion in Deutschland. Damals sagte er, dass solides Basiswissen, damit meinte er wissenschaft-liches Grundwissen warum der Salafismus und die Radikalisierung so attraktiv für Jugendliche sind, fehle.[37] Mittlerweile, sechs Jahre später, ist die Forschung auf einem neuen Stand, die Anziehungskraft und Risikofaktoren konnten weitestgehend, vor allem durch die Zusammen-arbeit mit den Jugendlichen, erschlossen und die Präventionsansätze somit angepasst wer-den.[38]

5. Fazit

In dieser wissenschaftlichen Ausarbeitung wurde der Salafismus als islamistische Strömung, sowie dessen Wirkung auf Jugendliche in Deutschland und die dafür vorhergesehenen Prä-ventionsansätze seitens der Kinder- und Jugendhilfe erörtert. Nun soll die anfangsgestellte Fragestellung: „Inwieweit können Präventionsmaßnahmen seitens der Jugendhilfe der salafis-tischen Radikalisierung Jugendlicher in Deutschland entgegenwirken?" anhand der oben ge-nannten Faktoren beantwortet werden. Zuerst einmal ist zu sagen, dass die sich stetig verän-dernde Radikalislamistische Szene nicht nur eine Herausforderung gegenüber der Kinder- und Jugendhilfe, sondern auch der Politik und der Gesellschaft darstellt. Die von der Kinder- und

---

[35] Vgl. Ebd., S. 12 f.
[36] Vgl. lifePR, 2014
[37] Vgl. Bundeszentrale für politische Bildung, 2014
[38] Vgl. Wissenschaftliche Dienste- deutscher Bundestag, 2017

Jugendhilfe entwickelten Ansätze fungieren auf allen drei Ebenen der Prävention, nämlich der primären, sekundären und tertiären Prävention. Die Angebote finden sowohl online als auch vor Ort in den vielzähligen Einrichtungen statt und sind somit darauf ausgelegt die Jugendlichen bestmöglich zu erreichen. Dass dieses Konzept Anklang bei den jungen Heranwachsenden, aber auch Angehörigen findet, zeigt die große Nachfrage an Beratungsgesprächen und Programmplätzen. Aber auch die Sozialarbeiter und Sozialarbeiterinnen berichten über positive Veränderungen seitens der Jugendlichen. Zudem ist die Institutionsübergreifende Kommunikation und Kooperation einer der wichtigsten Faktoren und elementar für eine gelingende Präventionsarbeit, aber auch die genderspezifischen Ansätze tragen zum Erfolg bei. Und obwohl die Zahl junger Salafisten und Salafistinnen oder Salafismus Interessierten stetig steigt, kann zusammenfassend gesagt werden, dass die Präventionsmaßnahmen seitens der Kinder- und Jugendhilfe einen positiven Effekt auf die Jugendlichen haben.

Literaturverzeichnis

Niedersächsisches Ministerium für Inneres und Sport Abteilung Verfassungsschutz (2018): Salafismus, Erscheinungsformen und aktuelle Entwicklungen. Informationen zum Thema Salafismus in Niedersachsen. https://www.verfassungsschutz.niedersachsen.de/startseite/aktuelles_service/publikationen/publikationen-54339.html, zuletzt geprüft am 19.10.2020Uhr.

Bundesamt für Verfassungsschutz (o.J.): Islamistisches Personenpotenzial. Online verfügbar unter https://www.verfassungsschutz.de/de/arbeitsfelder/af-islamismus-und-islamistischer-terrorismus/zahlen-und-fakten-islamismus/islamistisches-personenpotenzial-2019, zuletzt geprüft am 14.10.2020.

Bundesamt für Verfassungsschutz (Stand: 2020): Islamistisch motivierte Reisebewegungen in Richtung Syrien/Irak. Online verfügbar unter https://www.verfassungsschutz.de/de/arbeitsfelder/af-islamismus-und-islamistischer-terrorismus/zahlen-und-fakten-islamismus/zuf-is-reisebewegungen-in-richtung-syrien-irak, zuletzt geprüft am 14.10.2020.

Bundeszentrale für politische Bildung (2014): Salafismus als Herausforderung für Demokratie und politische Bildung. Ansätze, Schwierigkeiten und Erfolge der Islamismusprävention in Deutschland - eine erste Bilanz. Online verfügbar unter https://www.bpb.de/veranstaltungen/dokumentation/186700/islamismuspraevention, zuletzt geprüft am 19.10.2020.

Deutscher Bundestag, Wissenschaftliche Dienste (Hg.) (2017): Gewaltbereite salafistische Jugendliche. Forschungsstand. Online verfügbar unter https://www.bundestag.de/resource/blob/535380/10dfe77eb710d688a1fbcbcbb7b5c003/WD-1-007-17-pdf-data.pdf, zuletzt geprüft am 14.10.2020.

El-Mafaalani, Aladin/Fathi, Alma/Mansour, Ahmad/ Müller, Jochen/ Nordbruch, Götz/ Waleciak, Julian (2016): Ansätze und Erfahrungen Ansätze und Erfahrungen der Präventions- und Deradikalisierungsarbeit. In: *HSFK-Reportreihe „Salafismus in Deutschland"* (6). Online verfügbar unter https://www.hsfk.de/fileadmin/HSFK/hsfk_publikationen/report_062016.pdf, zuletzt geprüft am 19.10.2020.

Hummel, Klaus; Logvinov, Michail (Hg.) (2014): Gefährliche Nähe. Salafismus und Dschihadismus in Deutschland. Stuttgart: Ibidem-Verlag.

Landeszentrale für politische Bildung Baden Württemberg (o.J.): 9/11 - Terroranschläge in den USA. Archiv-Dossier. Online verfügbar unter https://www.lpb-bw.de/11september, zuletzt geprüft am 19.10.2020.

lifePR (2014): Erste Erfolge für das Präventionsprojekt "Wegweiser" gegen gewaltbereiten Salafismus. Innenminister Jäger: Ziel ist es, den Einstieg junger Menschen in diese Szene zu verhindern. Düsseldorf. Online verfügbar unter https://www.lifepr.de/inaktiv/ministerium-fuer-inneres-und-kommunales-des-landes-nordrhein-westfalen/Erste-Erfolge-fuer-das-Praeventionsprojekt-Wegweiser-gegen-gewaltbereiten-Salafismus/boxid/518310, zuletzt geprüft am 19.10.2020.

Said, Behnam T.; Fouad, Hazim (Hg.) (2014): Salafismus. Auf der Suche nach dem wahren Islam. 2., erw. und verb. Aufl. Freiburg im Breisgau: Herder.

Salah, Hoda (2019): Partizipation von Frauen am Islamismus. Ziele, Motive, Aktivitäten und Konflikte. Wiesbaden, Germany: Springer VS (Research).

Toprak, Ahmet; Weitzel, Gerrit (Hg.) (2019): Salafismus in Deutschland. Jugendkulturelle Aspekte, pädagogische Perspektiven. 2., Auflage. Wiesbaden, Germany: Springer VS (Edition Centaurus - Jugend, Migration und Diversity).

Weser Kurier (2018): Terrorismus weltweit. Diese islamistischen Terroranschläge hat es seit 9/11 gegeben. Online verfügbar unter https://www.weser-kurier.de/deutschland-welt/deutschland-welt-fotos_galerie,-Diese-islamistischen-Terroranschlaege-hat-es-seit-911-gegeben-_mediagalid,36975.html, zuletzt geprüft am 19.10.2020.

BEI GRIN MACHT SICH IHR WISSEN BEZAHLT

- Wir veröffentlichen Ihre Hausarbeit,
  Bachelor- und Masterarbeit

- Ihr eigenes eBook und Buch -
  weltweit in allen wichtigen Shops

- Verdienen Sie an jedem Verkauf

Jetzt bei www.GRIN.com hochladen und kostenlos publizieren